デイサービス、介護現場で **すぐ使える！**

It can be used right now!
Cerebral training・Recreation・Eurythmics

井上明美
編著

自由現代社

デイサービス、介護現場で すぐ使える！

脳トレ　レク　リズム体操

目次……………………………………… 2　　誌面構成について……………………… 5
本書の特長……………………………… 4

✏️ 脳トレ

軽度の認知症の方でも取り組んでいただける問題レベルに設定し、脳活性化のための思考力、集中力、注意力、理解力、判断力などを必要とするバリエーション豊かな問題を出題しています。

1. 野菜はそれぞれいくつ？ …………… 6
2. くだものはそれぞれいくつ？ ……… 7
3. 欠けているものは？ ………………… 8
4. サイコロ算数 ………………………… 9
5. ひらがな算数 ………………………… 10
6. カタカナ算数 ………………………… 11
7. 足し算で浮き出る塗り絵 …………… 12
8. 引き算で浮き出る塗り絵 …………… 13
9. 間違い探し① ………………………… 14
10. 間違い探し② ……………………… 15
11. 間違い探し③ ……………………… 16
12. 迷路① ……………………………… 17
13. 迷路② ……………………………… 18
14. 迷路③ ……………………………… 19
15. 文字の並べ替え① ………………… 20
16. 文字の並べ替え② ………………… 21
17. 残るのはどれ？① ………………… 22
18. 残るのはどれ？② ………………… 23
19. 言葉作りに挑戦① ………………… 24
20. 言葉作りに挑戦② ………………… 25
21. 大人の塗り絵① …………………… 26
22. 大人の塗り絵② …………………… 27
23. 大人の塗り絵③ …………………… 28
24. トーナメント足し算 ……………… 29
25. 同じものはどれ？① ……………… 30
26. 同じものはどれ？② ……………… 31
27. クロスワード言葉探し① ………… 32
28. クロスワード言葉探し② ………… 33
29. 仲間はずれはどれ？① …………… 34
30. 仲間はずれはどれ？② …………… 35
31. 形はいくつ？ ……………………… 36
32. 積木はいくつ？ …………………… 37
33. 線つなぎ① ………………………… 38
34. 線つなぎ② ………………………… 39
35. 今、何時？ ………………………… 40
36. 全部でいくら？ …………………… 41

レク

同じチームで息を合わせながら行うレクや、ゲーム感覚で勝敗を競うレク、ちょっぴり頭を使うレクなど、多様な内容をご紹介しています。準備の手間のかからないものを厳選しています。

1. ボールリレー …………………… 42
2. 日本列島温泉すごろく …………… 44
3. 人気童謡ランキング ……………… 46
4. お玉で玉リレー …………………… 48
5. 穴あき歌詞カード ………………… 50
6. 大漁ゲーム ………………………… 52
7. 漢字あてクイズ …………………… 54
8. 天国と地獄 ………………………… 56
9. ボウリング大会 …………………… 58
10. お団子ホイ！……………………… 60
11. フリースローゲーム ……………… 62
12. オリジナル輪投げ ………………… 64
13. 魚釣りゲーム ……………………… 66
14. お手玉キャッチ …………………… 68
15. ストローリレー …………………… 70
16. 積み上げ&バランスゲーム ……… 72
17. 芋取り競争 ………………………… 74
18. ジャンボ風船ラリー ……………… 76

リズム体操

高齢者の方がよく知っている歌を取り上げ、歌やリズムに合わせて、楽しみながら上半身や腕、首、背中、脚、足首などをストレッチできる内容になっています。

1. あんたがたどこさ ………………… 78
2. 365歩のマーチ …………………… 80
3. ふじの山 …………………………… 84
4. 幸せなら手をたたこう …………… 86
5. どんぐりころころ ………………… 88
6. おさるのかごや …………………… 90
7. あたまかたひざポン ……………… 92
8. 線路はつづくよどこまでも ……… 94
9. うみ ………………………………… 96
10. 肩たたき …………………………… 98
11. 春が来た ………………………… 100
12. 早春賦 …………………………… 102
13. 月 ………………………………… 104
14. 夕焼け小焼け …………………… 106

【脳トレ】編 解答 ……………………108

本書の特長

　デイサービスなどの高齢者施設では、様々な活動が行われていますが、スタッフの方々にとっては、日々の活動計画を考えるのは大変なことですね。

　本書では、介護現場で多く行われている「脳トレ」「レク(レクリエーション)」「リズム体操」の3つのカテゴリーをギュッと一冊にまとめ、すぐにお役立ていただける内容をふんだんにご紹介しています。

　「脳トレ」編では、軽度の認知症の方でも取り組んでいただける問題レベルに設定し、脳活性化のための思考力、集中力、注意力、理解力、判断力などを必要とするバリエーション豊かな問題を出題しています。また取り組み後に絵が浮き出てくる「浮き出る塗り絵」や「線つなぎ」、作品として完成できる「大人の塗り絵」なども取り上げ、利用者の方が達成感を得られるような内容も豊富に盛り込んでいます。問題の解答は、108ページ以降にまとめて掲載しています。
　なお「脳トレ」編は、1ページずつ、実施日と氏名を書けるようになっていますので、コピーしてご使用ください。実施後は回収し、1ヵ月経ったところで、利用者ごとにファイルにまとめてお渡ししてあげると、利用者の頑張りが見られ、ご家族の方にも、きっと喜ばれるでしょう。

　「レク」編では、同じチームで息を合わせながら行うレクや、ゲーム感覚で勝敗を競うレク、ちょっぴり頭を使うレクなど、多様な内容をご紹介しています。2人でできるものから、全員が参加して行うものまで取り上げ、各施設の利用者の人数や状況に応じてセレクトできるようになっています。
　なお、日本地図を使ったレクや、ボウリングのピンなどは、拡大コピーしてそのまま使えるように、型紙をつけています。その他のレクも、お手玉や風船、ボールといった身近にあるものを使ってできるものがほとんどで、準備の手間のかからないものを厳選しています。

　「リズム体操」編では、高齢者の方がよく知っている歌を取り上げ、歌やリズムに合わせて、楽しみながら上半身や腕、首、背中、脚、足首などをストレッチできる内容になっています。なお、利用者によっては、手足が思うように動かない方もいらっしゃいますので、無理をせず、ご本人のペースで行うようにしましょう。

　介護現場の利用者の方々が日々楽しく、健康で生き生きと過ごせるように、そしてその現場が笑いの絶えない場所となるよう、本書をお役立ていただければ幸いです。

誌面構成について

◆「レク」編 ページ

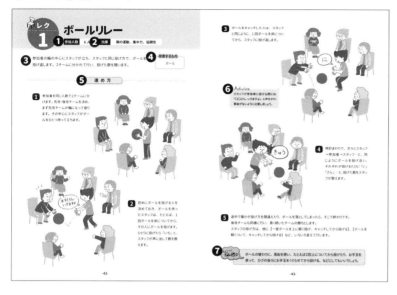

❶ 参加人数の目安を示しています。
❷ レクを行うことで期待できる身体機能や能力などの効果を示しています。
❸ レクの概要やポイントを説明しています。
❹ 事前に用意するものを説明しています。
❺ 進め方を、イラストつきでわかりやすく説明しています。
❻ レクを盛り上げるためのコツや、スムーズに進めるためのアドバイスなどを説明しています。
❼ 基本的なレクに加え、少しアレンジしたもの、より発展的なものなどを紹介しています。

◆「リズム体操」編 ページ

❶ リズム体操の概要やポイントを説明しています。
❷ すべてのリズム体操について、楽譜を掲載し、伴奏をつけています。伴奏は、簡単で弾きやすく、なおかつ楽曲のよさを引き立てたアレンジになっています。なお歌のテンポは、参加者に無理のないように、ゆったりとしたテンポで行いましょう。
❸ リズム体操のやり方を、イラストつきでわかりやすく説明しています。
❹ 基本的なリズム体操に加え、少しアレンジしたものや、スムーズに行うためのコツなどを紹介しています。

野菜はそれぞれいくつ？

にんじんとピーマンの数を数えましょう。

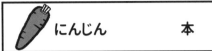

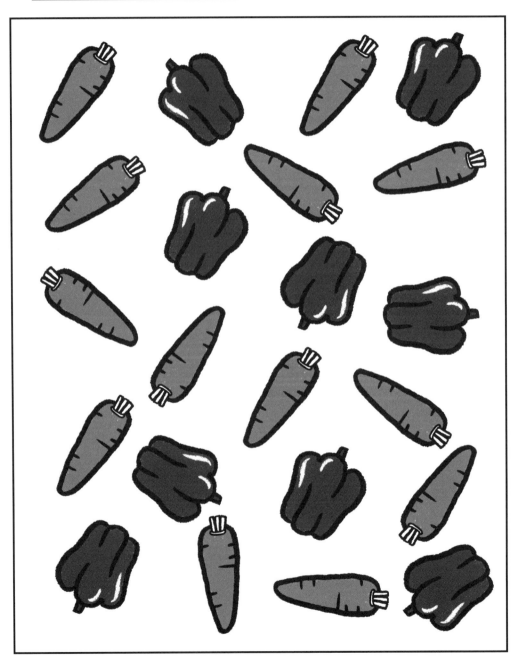

実施日　　　年　　　月　　　日　　氏名

くだものはそれぞれいくつ?

バナナとりんごの数を数えましょう。

 バナナ　　　本

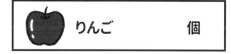 りんご　　　個

脳トレ 3 欠けているものは？

ひとつだけ欠けている数字や文字を探しましょう。

問① 1～30のうち、欠けている数字は何でしょう？

答え：

問② 50音順で「あ～ほ」のうち、欠けている文字は何でしょう？

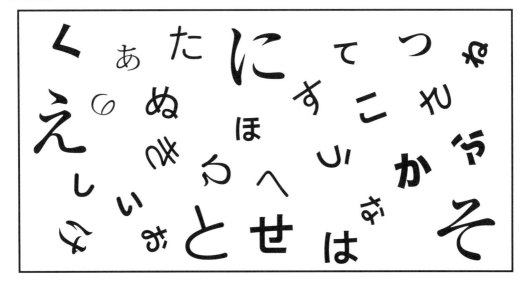

答え：

実施日　　　年　　　月　　　日　　氏名

サイコロ算数

サイコロの目の数を計算しましょう。

問① 4 + 2 + 3 − 5 + 6 = ☐

問② 5 + 1 − 4 + 6 + 3 = ☐

問③ 2 + 5 + 6 + 3 − 4 = ☐

問④ 6 − 3 + 1 + 5 + 2 = ☐

問⑤ 3 + 4 + 6 − 2 + 5 = ☐

問⑥ 5 − 2 + 4 + 6 − 1 = ☐

問⑦ 4 + 6 + 5 − 2 + 6 = ☐

問⑧ 3 + 5 − 1 + 6 + 5 = ☐

実施日　　年　　月　　日　　氏名

脳トレ 5 ひらがな算数

ひらがなで書かれた計算式を暗算で計算しましょう。

問① さんたすごひくにたすよんたすななひくはちたすいち ＝ ☐

問② にたすななたすさんひくごたすろくひくきゅうたすよん ＝ ☐

問③ きゅうひくさんたすごたすにひくななたすよんたすろく ＝ ☐

問④ ごたすろくたすさんひくにひくななたすはちたすよん ＝ ☐

問⑤ いちたすろくたすきゅうひくにひくはちたすよんたすご ＝ ☐

問⑥ はちひくにひくよんたすじゅうたすろくひくはちたすいち ＝ ☐

問⑦ ななひくごたすよんたすじゅうたすにたすろくひくいち ＝ ☐

問⑧ ろくひくにたすきゅうたすさんたすはちひくごひくよん ＝ ☐

問⑨ よんひくいちたすはちたすきゅうひくななたすじゅう ＝ ☐

問⑩ じゅうたすにたすよんひくごひくななたすはちたすさん ＝ ☐

問⑪ よんたすななひくにひくさんたすきゅうたすななひくご ＝ ☐

問⑫ さんたすはちたすにたすごひくきゅうたすいちひくなな ＝ ☐

実施日　　　年　　月　　日　　氏名

脳トレ 6 カタカナ算数

カタカナで書かれた計算式を暗算で計算しましょう。

問① ヨンヒクサンタスナナタスニタスゴヒクハチタスイチ ＝ ☐

問② ハチタスサンタスイチヒクニヒクキュウタスゴタスロク ＝ ☐

問③ ヨンタスゴタスサンヒクニタスナナタスキュウタスイチ ＝ ☐

問④ ロクタスイチヒクニタスジュウタスゴヒクヨンヒクハチ ＝ ☐

問⑤ ニタスゴタスハチタスイチヒクナナタスジュウヒクロク ＝ ☐

問⑥ ヨンヒクニタスロクタスゴタスイチヒクサンタスキュウ ＝ ☐

問⑦ ジュウタスニタスロクタスゴヒクニヒクナナタスハチ ＝ ☐

問⑧ サンタスハチタスイチタスゴヒクニヒクキュウタスロク ＝ ☐

問⑨ ナナヒクニタスキュウタスジュウヒクロクヒクゴタスサン ＝ ☐

問⑩ ジュウヒクニタスロクタスイチヒクヨンヒクサンタスハチ ＝ ☐

問⑪ ロクタスロクヒクゴヒクニタスヨンタスサンタスジュウ ＝ ☐

問⑫ ゴタスハチタスサンヒクニヒクキュウタスナナタスヨン ＝ ☐

実施日　　　年　　　月　　　日　　　氏名

足し算で浮き出る塗り絵

足すと **8** になるところだけを塗りましょう。

塗った後に何かの絵が現れます。

※数字が見づらい場合は拡大コピーしてご使用ください。

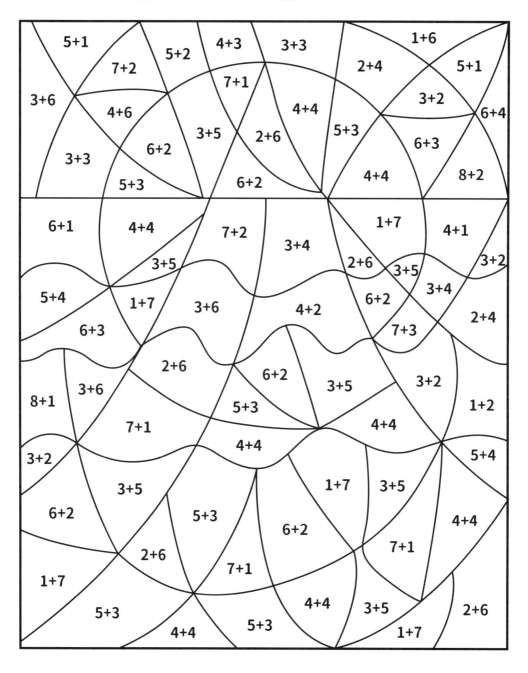

実施日　　　年　　月　　日　　氏名

引き算で浮き出る塗り絵

引くと **2** になるところだけを塗りましょう。

塗った後に何かの絵が現れます。

※数字が見づらい場合は拡大コピーしてご使用ください。

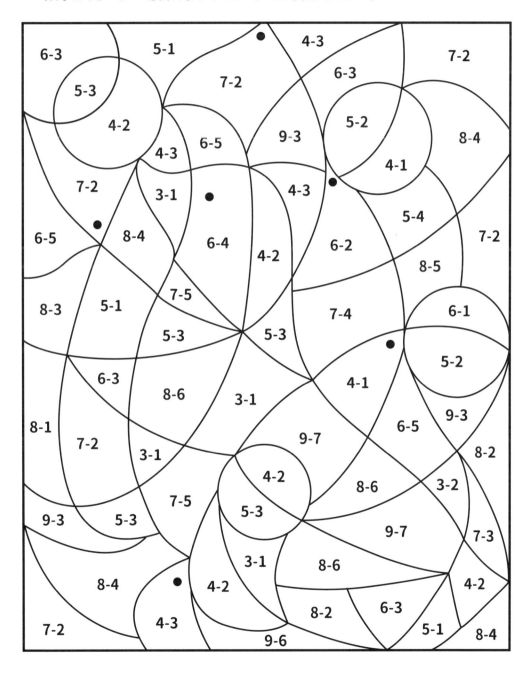

間違い探し①

2つの絵の間違いを探しましょう。

2つの絵には、違うところが全部で **5つ** あります。
見つけたら、下の絵の違うところを〇で囲みましょう。

間違い探し②

2つの絵の間違いを探しましょう。

2つの絵には、違うところが全部で **6つ** あります。
見つけたら、下の絵の違うところを〇で囲みましょう。

実施日　　　年　　　月　　　日　　氏名

間違い探し③

2つの絵の間違いを探しましょう。

2つの絵には、違うところが全部で **7つ** あります。
見つけたら、下の絵の違うところを〇で囲みましょう。

実施日　　　年　　月　　日　氏名

迷路①

スタートからゴールまで迷路を進みましょう。

行き止まりにぶつかったら、スタートからやり直します。

実施日　　　年　　　月　　　日　　　氏名

迷路②

スタートからゴールまで迷路を進みましょう。

行き止まりにぶつかったら、スタートからやり直します。

実施日　　　年　　　月　　　日　　氏名

迷路③

スタートからゴールまで迷路を進みましょう。

行き止まりにぶつかったら、スタートからやり直します。

実施日　　　年　　　月　　　日　　氏名

脳トレ 15 文字の並べ替え①

文字を並べ替えて、正しい言葉にしましょう。

問① ど ん う →

問② な は び →

問③ み が か →

問④ ス ク マ →

問⑤ パ ル ズ →

問⑥ ズ リ ム →

問⑦ ん お せ ん →

問⑧ う つ ぶ ど →

問⑨ き き す や →

問⑩ ア ン ロ イ →

問⑪ ソ ン パ コ →

問⑫ ブ ラ イ ド →

問⑬ ご ん さ あ は →

問⑭ い と い だ け →

問⑮ ラ ヤ ド イ ー →

問⑯ フ エ イ ラ ビ →

実施日　　年　　月　　日　　氏名

脳トレ 16 文字の並べ替え②

文字を並べ替えて、正しい言葉にしましょう。

問① わえがん →

問② いしまし →

問③ そきやば →

問④ ケオカラ →

問⑤ ンルダサ →

問⑥ ネイタク →

問⑦ からじたく →

問⑧ せうぷんき →

問⑨ ゲレトンン →

問⑩ シランクメ →

問⑪ かんんんしせ →

問⑫ いうこけうと →

問⑬ ッンチサイド →

問⑭ ナサアウーン →

実施日　　年　月　日　　氏名

残るのはどれ？①

同じ2つの絵に斜線を引き、最後のひとつを〇で囲みましょう。

残るのはどれ？②

同じ2つの絵に斜線を引き、最後のひとつを〇で囲みましょう。

脳トレ 19 言葉作りに挑戦①

例を参考に、□に文字を入れて言葉を作りましょう。

名詞でなくても構いません。

例　く　も

く	□
く	□
く	□
く	□

く	□
く	□
く	□
く	□

く	□	□
く	□	□
く	□	□

く	□	□
く	□	□
く	□	□

| く | □ | □ | □ |
| く | □ | □ | □ |

| く | □ | □ | □ |
| く | □ | □ | □ |

| く | □ | □ | □ | □ |
| く | □ | □ | □ | □ |

実施日　年　月　日　氏名

脳トレ 20 言葉作りに挑戦②

例を参考に、☐に文字を入れて言葉を作りましょう。

名詞でなくても構いません。

例 さら

| さ☐ | さ☐ | さ☐ | さ☐ |
| さ☐ | さ☐ | さ☐ | さ☐ |

| さ☐☐ | ☐さ☐ | ☐さ☐ |
| さ☐☐ | ☐さ☐ | ☐☐さ |

| さ☐☐☐ | さ☐☐☐ |
| さ☐☐☐ | ☐☐さ☐ |

さ☐☐☐☐

さ☐☐☐☐☐

実施日　　年　　月　　日　　氏名

大人の塗り絵①

好きな色で自由に塗って、絵を完成させましょう。

ゆっくり丁寧に塗りましょう。

実施日　　　年　　　月　　　日　　氏名

大人の塗り絵②

好きな色で自由に塗って、絵を完成させましょう。

ゆっくり丁寧に塗りましょう。

実施日　　　年　　月　　日　　氏名

大人の塗り絵③

好きな色で自由に塗って、絵を完成させましょう。

ゆっくり丁寧に塗りましょう。

実施日　　　　年　　　月　　　日　　氏名

脳トレ 24 トーナメント足し算

例を参考に、上下2つのマスの数字を足しましょう。

最後の □ に答えを書きましょう。

例: 2, 3, 4 → 5, 7 → 12

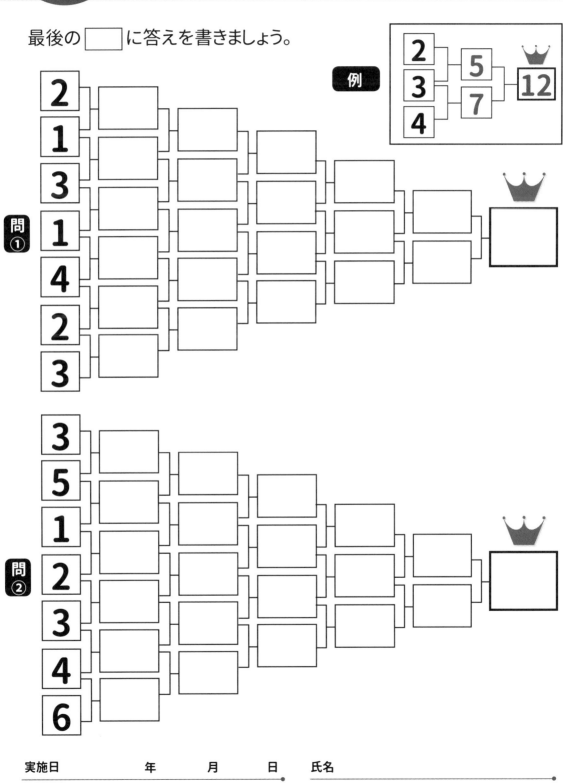

同じものはどれ？①

見本と同じものをひとつ見つけて、〇で囲みましょう。

問①

問②

実施日　　　年　　月　　日　　氏名

同じものはどれ？②

見本と同じものをひとつ見つけて、〇で囲みましょう。

問①

問②

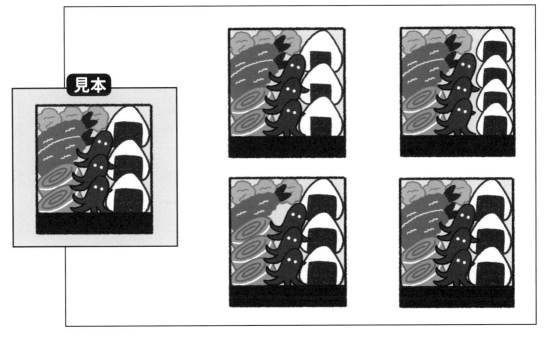

実施日　　　年　　　月　　　日　　氏名

脳トレ 27 クロスワード言葉探し①

例以外の野菜の名前を **8つ** 探しましょう。

見つけて、◯で囲みましょう。縦か横に読みます。

例

も	や	し	ね	だ	と	さ	あ
し	は	く	さ	い	さ	や	み
と	み	な	ち	こ	れ	え	て
や	に	ん	じ	ん	べ	ん	ご
ね	て	つ	お	ん	れ	ど	ぼ
ぎ	ほ	う	れ	ん	そ	う	う
ど	や	い	が	と	こ	そ	き
か	さ	れ	ん	こ	ん	て	ね

実施日　　年　　月　　日　　氏名

脳トレ 28 クロスワード言葉探し②

例以外の動物の名前を **9つ** 探しましょう。

見つけて、◯で囲みましょう。縦か横に読みます。

例							
キ	シ	ト	ネ	サ	カ	マ	ジ
ツ	ラ	ク	ダ	チ	ン	レ	マ
ネ	イ	ラ	ロ	ヨ	ガ	コ	ン
シ	オ	ホ	ル	カ	ル	セ	ト
チ	ン	パ	ン	ジ	ー	シ	ヒ
ミ	ラ	ダ	ソ	タ	ヌ	キ	ヒ
ト	ウ	サ	ギ	サ	ホ	リ	ヤ
オ	ラ	ン	ウ	ー	タ	ン	レ

実施日　　　年　　月　　日　氏名

仲間はずれはどれ？①

仲間はずれをひとつ見つけて、〇で囲みましょう。

問①

問②

実施日　　　年　　　月　　　日　　　氏名

仲間はずれはどれ？②

仲間はずれをひとつ見つけて、〇で囲みましょう。

問①

問②

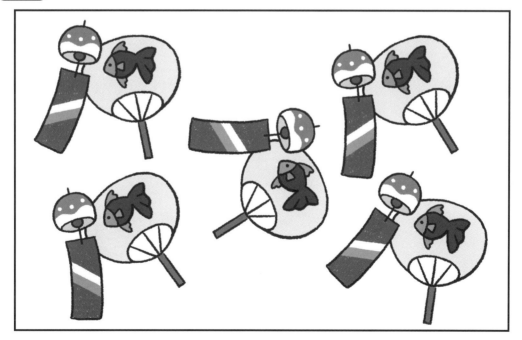

実施日　　　年　　　月　　　日　　　氏名

形はいくつ？

形はいくつあるか、数えましょう。

問① 丸い形はいくつでしょう？　　　　　　　　　　　個

問② 四角い形はいくつでしょう？　　　　　　　　　　個

実施日　　　年　　月　　日　　氏名

積木はいくつ？

例を参考に、積み重なった積木の数を数えましょう。

積木の形はすべて同じです。

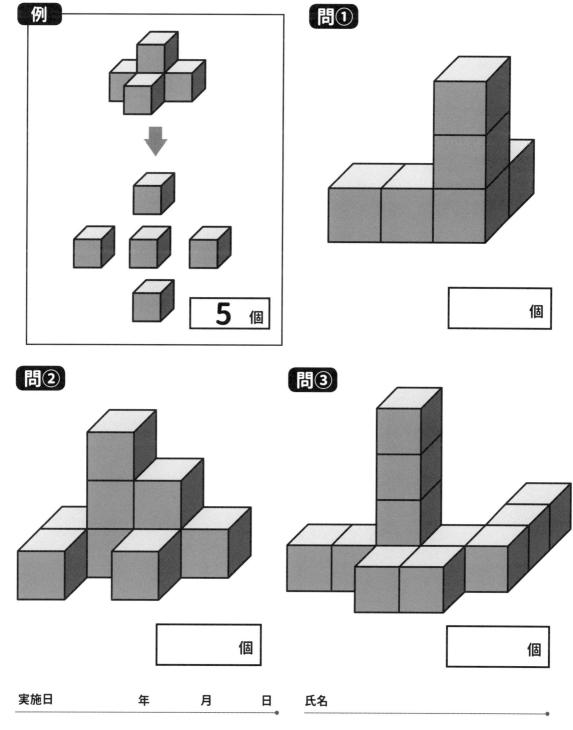

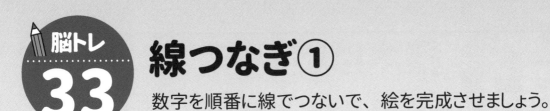

線つなぎ①

数字を順番に線でつないで、絵を完成させましょう。

1から80までつなぎましょう。

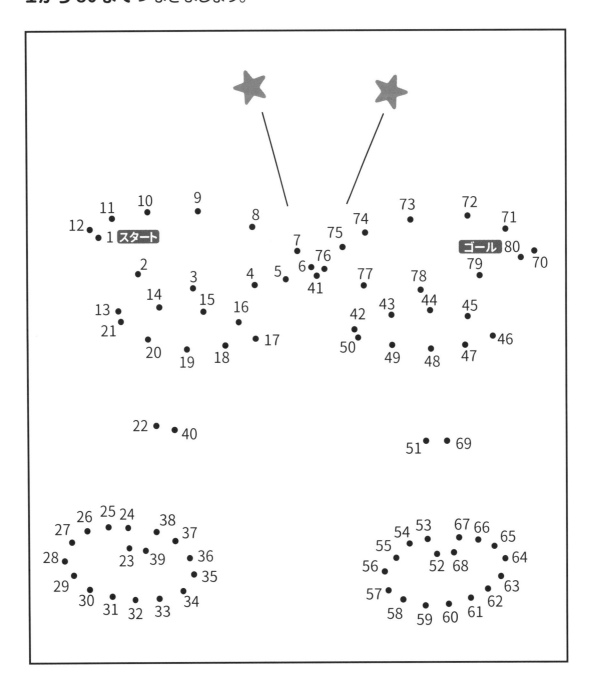

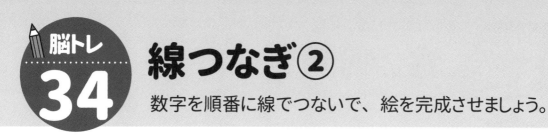

線つなぎ②

数字を順番に線でつないで、絵を完成させましょう。

1から100までつなぎましょう。

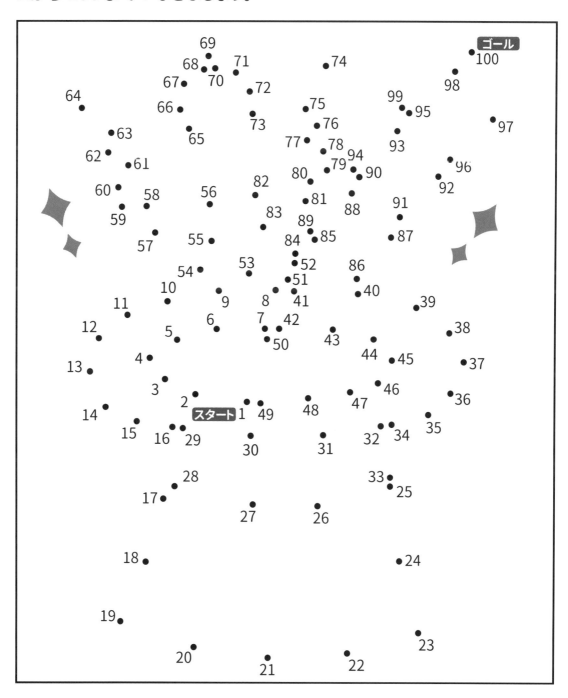

今、何時?

鏡に映った時計の時間は何時何分か、答えましょう。

問①

　　時　　　分

問②
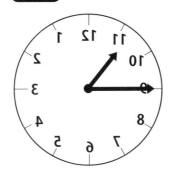

　　時　　　分

問③
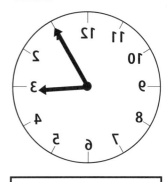

　　時　　　分

問④
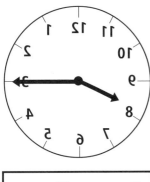

　　時　　　分

問⑤

　　時　　　分

問⑥

　　時　　　分

問⑦

　　時　　　分

問⑧

　　時　　　分

問⑨
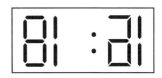

　　時　　　分

実施日　　　年　　　月　　　日　　氏名

ボールリレー

| 参加人数 | 6人〜 | 効果 | 腕の運動、集中力、協調性 |

参加者の輪の中心にスタッフが立ち、スタッフと同じ投げ方で、ボールを投げ返します。2チームに分かれて行い、投げた数を競います。

用意するもの ボール

進め方

1 参加者を同じ人数で2チームに分けます。先攻・後攻チームを決め、まず先攻チームが輪になって座ります。その中心にスタッフがボールをひとつ持って立ちます。

木村さん いきますよ

2 初めにボールを投げる人を決めておき、ボールを持ったスタッフは、たとえば、1回ボールを床についてから、その人にボールを投げます。ひとりに投げたら「いち」と、スタッフが声に出して数を数えます。

3. ボールをキャッチした人は、スタッフと同じように、1回ボールを床についてから、スタッフに投げ返します。

Advice
スタッフが参加者に投げる際には、「〇〇さん、いきますよ」と声をかけ、事故がないように注意しましょう。

4. 時計まわりで、次々とスタッフ→参加者→スタッフ…と、同じようにボールを投げ合い、それぞれが投げるたびに「に」「さん」…と、投げた数をスタッフが数えます。

5. 途中で誰かが投げ方を間違えたり、ボールを落としてしまったら、そこで終わりです。
後攻チームも同様に行い、長く続いたチームの勝ちとします。
スタッフの投げ方は、他に【一度ボールを上に軽く投げ、キャッチしてから投げる】、【ボールを軽くついて、キャッチしてから投げる】など、いろいろ変えて行います。

 ボールの替わりに、風船を使い、たとえば2回上についてから投げたり、お手玉を使って、ひざの後ろにお手玉をくぐらせてから投げる、などにしてもいいでしょう。

日本列島温泉すごろく

参加人数 6人〜　　**効果** 記憶力、脳の活性化、達成感

模造紙に日本列島を書き、参加者に行ったことのある温泉名を言ってもらい、すべてを線でつなげ、すごろくにします。チームごとにサイコロをふって、すごろくを楽しみます。

用意するもの
模造紙、ペン、すごろくのコマ（小物などをチーム数分）、大きなサイコロ、ホワイトボード

進め方

1 スタッフはあらかじめ、模造紙に日本列島を書いておきます。日本列島には、大まかに都道府県の境界線をつけます。

※右の日本地図を数回拡大コピーし、切れた部分を貼り合わせてお使いいただけます。

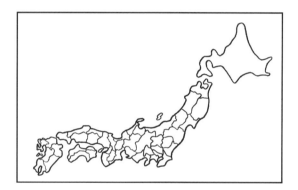

2 模造紙をホワイトボードや壁に貼り、参加者にひとりひとりずつ、行ったことのある温泉名を言ってもらい、スタッフがその場所に印をつけていきます。このとき、温泉名をひとつずつ丸で囲みます。

3 全員が温泉名を言い終わったら、日本列島を一周できるように、すべての温泉を線でつなげます。各温泉名をひとつのマスとし、線の途中には、「1回休み」「3つ戻る」「5つ進む」などのマスも作ります。最後に、すごろくのスタート地点とゴール地点を決めます。

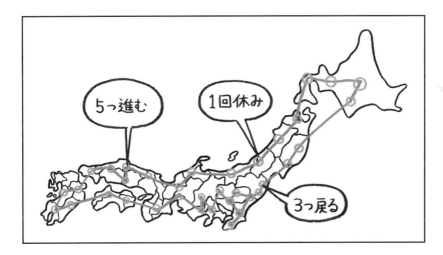

Advice
参加者のいる施設をスタート地点、あるいはゴール地点にするといいでしょう。

4 参加者をいくつかのチームに分け、チームごとにコマを用意します。コマは、小物など何でもOKです。**3** で完成させたすごろくの模造紙は壁やボードからはがして、床に置きます。チームごとにサイコロをふってコマを進め、最初に日本列島を一周したチームの勝ちとします。

Advice
参加者が少人数の場合は、ひとり1コマとして、すごろくをしてもいいでしょう。

マスに「1回休み」などを書き加える際に、「宴会で歌を歌う」「好きな踊りを踊る」などの指示を加えると、盛り上がるでしょう。

レク3 人気童謡ランキング

参加人数 4人〜　　**効果** 記憶力、発声促進、社交性

後世に残したい童謡を3曲ずつ参加者に書いてもらって集計し、発表します。
上位3曲をみんなで歌って楽しみます。

用意するもの
ホワイトボード、ペン、カード（画用紙を切ったもの）を3枚×人数分

進め方

1 スタッフはあらかじめ、画用紙を同じ大きさに切ったカードを、3枚×人数分用意しておきます。

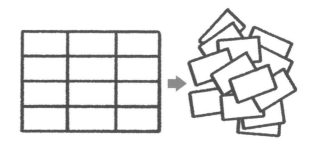

2 参加者にひとり3枚ずつカードを配り、自分が子どもの頃学校で習った童謡、好きだった童謡などの中から、後世に残したい曲を3曲書いてもらいます。1枚のカードに1曲書きます。

3 全員が書き終わったら集め、スタッフが集計して、人気ランキングの10位までをまとめます。それを下位から順に書いて、発表していきます。

Advice
上位3曲を発表するときは、「それでは、いよいよ上位3曲の発表です。3位は…ジャラララ、○○で〜す！」などと言って盛り上げましょう。

4 人気ランキングトップ10を発表したら、上位の3曲をみんなで歌います。

Advice
トップ10に入らなかった童謡も、すべて発表するといいでしょう。

ちょこっとアレンジ 童謡以外に、「後世に残したい昭和歌謡曲」「後世に残したい昔懐かしい遊び」などで同様に行い、人気ランキングを発表してもいいでしょう。

お玉で玉リレー

参加人数 10人〜　**効果** 手指・腕の運動、集中力、協調性

2チームに分かれ、それぞれ一列になって、次々にお玉でピンポン玉を渡していきます。制限時間内に最後の人の箱に入ったピンポン玉の数の多さを競います。

用意するもの
お玉（参加人数分）、ピンポン玉（30個以上）、箱（4つ）

進め方

1 参加者を同じ人数で2チームに分けます。ひとりひとつずつお玉を持ち、一列に座ります。最初と最後の人の横に箱を置き、最初の人の箱にはピンポン玉をたくさん入れておきます。

2 スタッフの合図で、最初の人は箱の中からピンポン玉をひとつ、お玉ですくいます。

3 最初の人がピンポン玉をお玉ですくったら、次の人にそのピンポン玉をお玉で渡していき、次々と次の人にピンポン玉を渡していきます。このとき、手を使ってはいけないものとします。

Advice
ゲームを始める前に、ピンポン玉を手で触れてはいけないことを伝えましょう。また途中でピンポン玉を落としたら、スタッフが拾って、その場所からやり直します。

4 最初の人は、ピンポン玉を渡し終えたら、すぐに箱から別のピンポン玉をすくい、同様に渡していきます。最後の人は、お玉のピンポン玉を横に置いた箱に入れていきます。

5 スタッフの「ストップ！」の合図でゲームをやめます。制限時間内に、最後の人の箱に入ったピンポン玉の多かったチームの勝ちとします。

フライ返しでお手玉を渡していくリレーなどにアレンジしてもいいでしょう。

レク 5 穴あき歌詞カード

参加人数 6人〜　**効果** 記憶力、発声促進、達成感

途中が穴あき状態になった歌詞を見ながら、該当箇所の歌詞を思い出して、チームごとに最後まで歌います。

用意するもの

童謡などの曲名を書いたカード（10枚）、途中を空欄にして歌詞を書いた模造紙（10曲分）、ホワイトボード

進め方

1 スタッフはあらかじめ、みんなが知っている童謡や歌謡曲などの歌詞を模造紙に書いておきます。歌詞の途中数ヶ所は、四角のスペースなどで空欄にしておきます。これを10曲分用意します。
また、その10曲の曲名をひとつずつ書いたカードを10枚用意します。

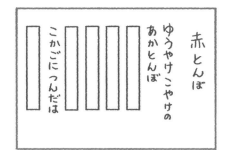

Advice
選ぶ10曲は、参加者が口ずさんだことのある、よく知られた曲を、1、2番程度模造紙に書きましょう。

2 参加者をいくつかのチームに分け、各チームの代表者が、曲名が書かれた10枚のカードから1枚を引き、歌う曲を決めます。

3 歌うチームの順番を決め、スタッフが、はじめのチームが歌う曲の歌詞が書かれた模造紙をホワイトボードや壁に貼ります。該当チームが、穴あきの歌詞を見ながら、最初から最後まで歌います。

Advice
歌詞の穴あき部分でつまずいていたら、スタッフは、「次は 'ど' から始まる歌詞ですよ」「'山に' … 何とかですよ」などとヒントを出してあげましょう。

4 1番目のチームが歌い終えたら、歌詞を外し、2番目のチームが歌う曲の歌詞を貼り、同様に2番目のチームが歌います。

5 チームごとに次々と歌っていき、最後まで間違えずに歌えたチームの勝ちとします。
また、どのチームも歌詞の穴あき部分でつまずいたら、どのチームが一番歌えていたかをみんなで判定して、優勝チームを決めます。

 参加人数が少ないときは、スタッフが適宜選んだ歌詞を貼ってみんなで歌い、最後まで歌えた人が優勝としてもいいでしょう。

大漁ゲーム

参加人数 12人〜　　**効果** 手指・腕の運動、集中力、協調性

2チームに分かれ、それぞれ2人が向かい合ってひとつのタオルを持ち、タオルを動かして、次々と次のペアに魚を渡していきます。制限時間内に最後の箱に入れた魚の数の多さを競います。

用意するもの
画用紙に新聞紙を詰めて作った魚（20個以上）、タオル（2人にひとつ）、箱（4つ）

進め方

1 画用紙に大きな魚を描き、表裏になるように2枚とも模様や色をつけます。画用紙を2枚重ねて切り取ります。間に新聞紙を詰めてまわりを閉じ、膨らみのある魚にします。これを20個以上作ります。

色を塗って新聞紙を詰めて閉じます。

Advice
魚はスタッフが作ってもいいですし、レクリエーションの一環として、参加者に好きな魚を作ってもらってもいいでしょう。

2 参加者を同じ人数で2チームに分けます。各チームが二列になって2人一組で向かい合って座り、2人でひとつのタオルを持ちます。最初と最後の2人の横に箱を置き、最初の人の箱には魚をたくさん入れておきます。それぞれのチームの最初のペアの横には、スタッフが立ちます。

3 スタッフの合図で、各チームの横に立ったスタッフは、箱の中から魚を取り出して、最初のペアのタオルに載せます。2人は息を合わせながら、次のペアのタオルに魚を載せ、次々と次のペアのタオルに魚を渡していきます。このとき、手を使ってはいけないものとします。

Advice
ゲームを始める前に、魚を手で触れてはいけないことを伝えましょう。
また途中で魚を落としたら、スタッフが拾って、その場所からやり直します。

4 最初のペアが魚を渡し終えたら、横のスタッフが、すぐに箱から別の魚を取り出して、2人のタオルに載せ、同様に送っていきます。最後のペアは、タオルの魚を横に置いた箱に入れていきます。

5 スタッフの「ストップ！」の合図でゲームをやめます。制限時間内に箱に入れた魚の多かったチームの勝ちとします。

タオルの替わりに、画用紙や、タオルと同じくらいの大きさに切った模造紙などを使ってもいいでしょう。

レク7 漢字あてクイズ

| 参加人数 | 3人～ | 効果 | 思考力、脳の活性化、集中力 |

ホワイトボードに漢字一文字、あるいは二文字を書き、9枚のカードで隠します。
1枚ずつカードをはがしていき、わかったところで何の漢字かをあてます。

用意するもの
画用紙を切って1～9の数字を書いたカードを2セット、マグネット9個、ホワイトボード

進め方

1 スタッフはあらかじめ、画用紙を15×10cmに切って1～9までの数字をひとつずつ書いたカードを2セット用意しておきます。

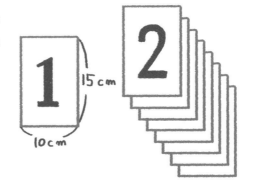

2 参加者に見えないように、スタッフがホワイトボードの中心の縦45×横30cm以内のスペースに漢字一文字を書きます。その上から9枚のカードをマグネットでとめて、漢字を隠します。

Advice
ホワイトボードに書く漢字は、よく知られている漢字で、画数の多いものにしましょう。
また、マグネットのつかないタイプのホワイトボードの場合は、メンディングテープなどでカードをとめましょう。

3 1〜9のカードを裏がえして、ひとり1枚ずつカードを引き、出た数字と同じ数字のカードをホワイトボードからはがしていきます。

4 カードをはがすにつれ、隠した漢字が少しずつ見えてきます。隠された漢字が何であるかを参加者たちは答え、一番早くあてた人の勝ちとします。

5 一文字の漢字あてクイズを何度か行ったら、二字熟語でも行ってみましょう。
二字熟語の場合は、一文字だけを答えるのではなく、二字熟語として答えます。

（例）

 四字熟語で行ってもいいでしょう。その場合は、二文字ずつ2行にして書きましょう。
また、漢字ではなく、絵や写真を隠して、あてるようにしてもいいでしょう。

レク8 天国と地獄

参加人数 2人〜　　**効果** 腕の運動、集中力、知的競争心

30、40、50、60、70と書かれたパネルをはさむように、2人が向かい合って座ります。お手玉を2回投げ、合計得点が100なら天国、それ以外は地獄として、2人で競います。

用意するもの

30、40、50、60、70と書いたパネル2セット（パネルは段ボール紙、スチロールボードなどを使用）、お手玉（4個）、ロープやひも

進め方

1 スタッフはあらかじめ、45×30cmくらいの大きさに切った段ボール紙やスチロールボードに、30、40、50、60、70と書いたパネルを2セット用意します。

2 向かい合わせになるようにいすを離して置き、いすから少し離れたところにロープやひもを等間隔で6本引きます。それぞれのいすから向かって、70、60、50、40、30と書かれたボードを、ロープやひもの間に置きます。

対戦する2人を決め、お手玉を2つずつ持って、いすに座ります。自分の向きに置かれているいずれかのパネルに向かって、お手玉をひとつ投げます。落ちた場所のパネルの点数を1回目の点数とします。このとき、パネルから外れたり、相手のパネルに落ちた場合は、点数はなしとし、1回目の対戦は失格とします。

Advice

いすからロープまでの距離や、等間隔の6本のロープの距離などは、参加者の状況を考慮して決めましょう。

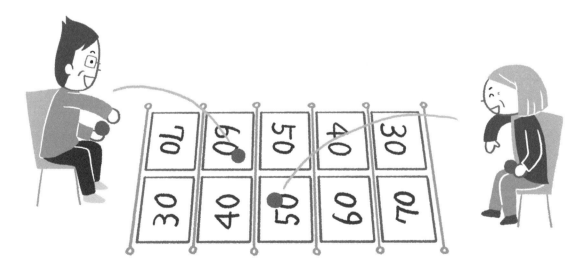

3 1回目の点数と合計して100点になるように計算して、2つ目のお手玉をねらいのパネルに向かって投げます。

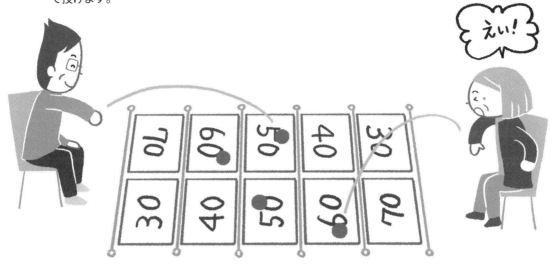

4 2人のうち、合計100点を取った方の勝ちです。1回戦で勝負がつかなかったら、勝負がつくまで同様に行い、先に100点を取った方の勝ちとします。

Advice
数回行って勝負がつかなかったら引き分けとして、次の2人にバトンタッチしましょう。

5 次の2人で同様に対戦し、全員が次々に対戦します。

お手玉の替わりにボールを使ってもいいでしょう。その場合は、落下地点の点数を数えます。また、10、20、80、90のパネルを追加してもいいでしょう。その場合は、ロープの間隔を狭くします。
また、勝者同士のトーナメント戦にして、最後に優勝者を決めてもいいでしょう。

ボウリング大会

参加人数 2人〜　　**効果** 腕の運動、知的競争心、集中力

ペットボトルに水を入れたピンを10本並べて、ボールで倒し、みんなでボウリング大会を楽しみます。ピンの並べ方をいろいろアレンジして、難易度を上げていきます。

用意するもの

ペットボトル（500mlのもの）にピンのラベルを貼り、少量の水を入れたもの（10本）、カラーボール（2つ）、ビニールテープ

進め方

1 右のボウリングのピンのラベルをペットボトルの大きさに合わせて10枚拡大コピーして切り抜き、2本のライン部分に赤く色を塗ります。これをペットボトルに貼ります。ペットボトルには、それぞれ少量の水を入れます。

2 ピンを通常のボウリングの並べ方で床に並べ、2m以上離れたところにいすを置き、投げるラインを決めて床にビニールテープを貼ります。ひとり2回ずつボールを投げます。

Advice
いすからピンまでの距離は、参加者の状況を考慮して決めましょう。また、各参加者に合わせて、いすの位置を毎回移動させてもいいでしょう。

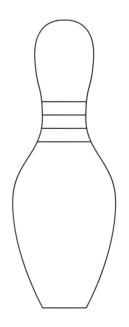

3 1回目のボールを投げて倒れたピンは、スタッフが拾い、その後に2回目のボールを投げます。

4 全員が2回ずつボールを投げ、最も多くピンを倒した人が優勝です。
また、一順したら、2回目以降はピンの置き方を変えて、難易度を上げて行います。

＜ピンの置き方例＞

Advice
ピンの置き方を変えて難しいようなら、3回投げるようにしてもいいでしょう。

2人ずつ対戦するトーナメント戦にして、優勝者を決めてもいいでしょう。

お団子ホイ！

| 参加人数 | 4人〜 | 効果 | 手指・腕の運動、集中力、協調性 |

2人が向かい合って、手をお団子と皿に見立てて、お互いの手を載せ合います。2人一組で全員で競い、最後まで間違えずにできた2人組の勝ちとなります。

用意するもの
なし

進め方

1 2人一組になり、向かい合って座ります。お互いに、左手は手のひらを上にして開き、皿を作ります。右手はグーにしてお団子に見立て、相手の左手の皿の上に載せます。

2 まずは、2人で練習します。2人で「お団子ホイ！」と言いながら、「ホイ！」のときに、右手と左手を逆にし、お団子と皿を入れ替えます。これをくり返します。お団子は必ず皿の上に載せます。

3 次は、スタッフがかけ声をかけ、「お団子!」と言ったときには、両手でギュッギュッとお団子を作る動作をし、「ホイ!」でお団子と皿を入れ替えます。

4 スタッフは、「お団子…ホイ!」以外に、「ホイ!」「ホイ!」などリズミカルにかけ声をかけ、そのたびに、2人はお団子と皿を入れ替えます。

Advice
スタッフのかけ声を、「お団子……ホイ! ホイの ホイ!」など、わざとじらしたり、テンポを速くしたりすると、盛り上がるでしょう。

5 最後まで間違えずにできた2人組の勝ちとします。

「お団子」を「おにぎり」に替えて、「おにぎりホイ!」とし、「おにぎり」の部分では、両手でおにぎりを握る動作をしてもいいでしょう。

フリースローゲーム

参加人数 2人〜　　**効果** 腕の運動、集中力、知的競争心

葉の形の厚紙に点数をつけたものを床にランダムに置きます。そこから離れた場所にネットを張り、ネット越しにビーチボールを投げて、点数を競います。

用意するもの
葉の形にして点数を書いた厚紙（8枚）、ビーチボール、ネットやひもなど

進め方

1 スタッフは、あらかじめ厚紙に大きめの葉の形を描いて切ったものを8枚用意します。葉には、10〜80の点数をそれぞれ書きます。

Advice
葉の大きさはそろえてもそろえなくても構いません。大小つける場合は、小さい葉ほど高点数にするといいでしょう。

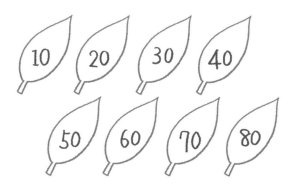

2 点数を書いた葉を床にランダムに置きます。このとき、70、80などの高い点数の葉は、投げる場所から遠いところに置きます。そこから離れた場所にネットを張ります。ネットがない場合は、ひもなどを張ります。ネットの手前にいすを置きます。

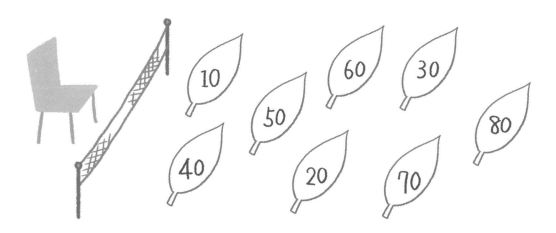

3 ひとりずつ交代でいすに座り、葉に向かってビーチボールを投げます。ボールが落下したところの葉の点数が得点になります。葉に落ちなかったら、得点はなしです。

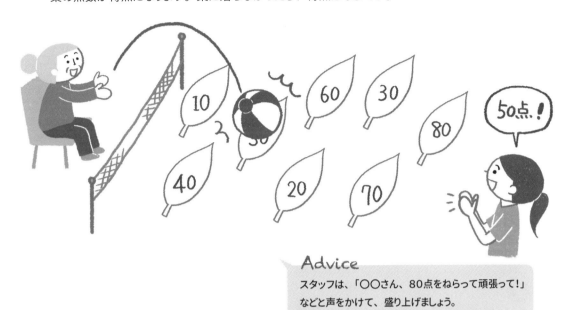

Advice
スタッフは、「〇〇さん、80点をねらって頑張って！」などと声をかけて、盛り上げましょう。

4 ひとり2回投げ、2回の得点を合計します。

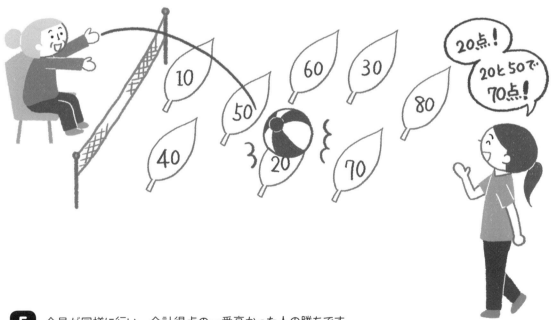

5 全員が同様に行い、合計得点の一番高かった人の勝ちです。

葉を10枚にして、100までの点数にしてもいいでしょう。また、葉の形を点数ごとにいろいろな形に変えてもいいでしょう。

オリジナル輪投げ

参加人数 2人〜　　**効果** 腕の運動、集中力、知的競争心

大きな段ボールとトイレットペーパーの芯、新聞紙などを使ってオリジナルの輪投げを作り、みんなで得点を競って楽しみます。

用意するもの

段ボールとトイレットペーパーの芯で作った的（1〜9までの点数を書いたもの）、新聞紙で作った輪（5つ）

的と輪の作り方

1 まず的を作ります。大きな段ボールを用意し、絵のようにグレーの部分を切り取り、残った部分を三角形にしてガムテープでとめます。

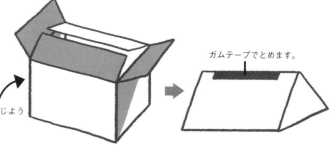

2 トイレットペーパーの芯を縦に切り、輪を小さくして重ね、ガムテープでとめます。これに折り紙を巻いてのりで貼ります。両端のはみ出した部分は内側に折り込みます。
片方には5cmくらいの切り込みをたくさん入れ、開きます。これを9個作ります。

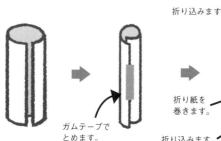

Advice
折り紙は、いろいろな色のものを使うとカラフルで楽しいでしょう。

3 **1** の斜面に間隔をあけて、**2** をビニールテープで貼り、その下に1〜9の点数を書いた厚紙を貼ります。

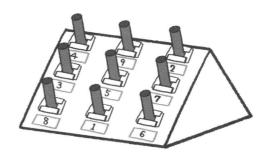

4 続いて、輪を作ります。新聞紙1枚を横に細長く丸めてねじり、それを輪の形にしてガムテープでとめます。全体にビニールテープを巻きます。これを5つ作ります。

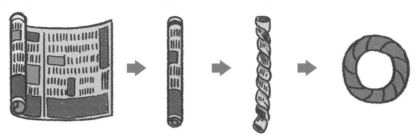

進め方

1 的を置き、的から離れたところにいすを置いて、ひとりずつ交代でいすに座り、的に向かって輪を投げます。

Advice
いすから的までの距離は、参加者の状況を考慮して決めましょう。また、各参加者に合わせて、いすの位置を毎回移動させてもいいでしょう。

2 ひとり5回投げ、5回の得点を合計します。

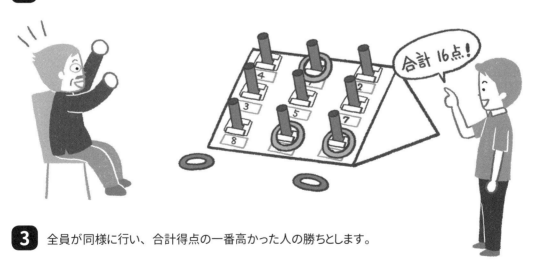

3 全員が同様に行い、合計得点の一番高かった人の勝ちとします。

2人ずつ対戦するトーナメント戦にして、優勝者を決めてもいいでしょう。

魚釣りゲーム

| 参加人数 | 2人〜 | 効果 | 手指・腕の運動、集中力、知的競争心 |

参加者みんなで厚紙を使って魚を作ります。魚の裏には点数を書いておき、作った魚を使って魚釣りゲームをします。2人ずつ対戦し、制限時間内に釣れた魚の数や得点を競います。

用意するもの
厚紙で作った魚にクリップをつけたもの（30個以上）、釣りざお（さいばしなどの長い棒にたこ糸をつけ、磁石をつけたものを2本）、箱（2つ）、新聞紙で作った石（20個以上）、ストップウォッチ

魚と釣りざおの作り方

1 参加者みんなで、厚紙にそれぞれ好きな魚の絵を描いて色を塗り、切り取ります。参加者には見えないように、スタッフが魚の裏に点数を書いておきます。

Advice
参加者に魚を作ってもらうのが難しい場合は、スタッフが作りましょう。また、参加者が作る場合でも、スタッフも一緒に作り、いろいろな形の魚を作ると楽しいでしょう。

2 魚にひとつずつクリップをつけます。

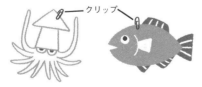

3 さいばしなど長い棒の先に50〜60cmのたこ糸をつけてセロハンテープでとめ、たこ糸の先に磁石をつけます。

4 新聞紙を丸めてグレーの絵の具を塗り、石に見立てます。これをたくさん作ります。

進め方

1 離れた位置で向かい合わせにいすを2つ置き、いすの横にはそれぞれ箱を置きます。2つのいすの間に、池に見立てて新聞紙で作った石を並べ、その中に魚をランダムに並べます。2人が釣りざおを持って座り、スタッフの合図で魚を釣ります。釣った魚はいすの横に置いた箱に入れていきます。

Advice
スタッフは、「2人とも、頑張って〜！ たくさん釣ってね！」などと声援を送り、盛り上げましょう。

2 スタッフの「ストップ！」の合図でゲームをやめ、制限時間内に箱に入った魚の多かった人の勝ちとします。

3 全員が同様に行ったら、2回目は、同様に魚釣りをし、釣った魚の裏に書かれた点数の合計得点が高かった人の勝ちとします。

 魚を金塊や宝石などの絵に替え、「お宝釣りゲーム」にアレンジしてもおもしろいでしょう。

お手玉キャッチ

参加人数 10人〜　**効果** 手指・腕の運動、集中力、協調性

輪になって、紙コップに入れたお手玉を投げ、となりの人が紙コップでキャッチします。2チームに分かれて行い、最初に投げた人にお手玉が戻ってくるタイムで勝負を決めます。

- **用意するもの**
  - お手玉、紙コップ（人数分）、ストップウォッチ

進め方

1 参加者を同じ人数で2チームに分けます。先攻・後攻チームを決め、まず先攻チームが輪になって座ります。ひとりひとつずつ紙コップを持ちます。最初の人を決め、スタッフがその人の紙コップにお手玉を入れます。

2 スタッフの合図で、最初の人は紙コップを動かして、時計回りで左どなりの人にお手玉を投げ、左どなりの人は紙コップでお手玉をキャッチします。スタッフは、合図とともに、ストップウォッチでタイムを計り始めます。

3 2人目の人がお手玉をキャッチしたら、同様に時計回りで左どなりの人に向かって紙コップでお手玉を投げ、となりの人がキャッチし、次々とお手玉を渡していきます。このとき、お手玉を手で触ってはいけないものとします。

Advice
ゲームを始める前に、お手玉を手で触れてはいけないことを伝えましょう。また途中でお手玉を落としたら、スタッフが拾って、その場所からやり直します。

4 最初の人までお手玉が戻ってきて、キャッチしたところで終了します。スタッフはストップウォッチを押して、かかった時間を計ります。

5 後攻チームも同様に行い、タイムの短かったチームの勝ちとします。

 お手玉の替わりに、新聞紙を丸めてビニールテープで巻いた玉を使ってもいいでしょう。

ストローリレー

| 参加人数 | 10人〜 | 効果 | 口の運動、集中力、協調性 |

2チームに分かれ、それぞれ横一列になって、次々に口にくわえたストローで、紙テープの輪を渡していきます。制限時間内に最後の人まで渡せた輪の数の多さを競います。

用意するもの

ストロー（人数分）、紙テープで作った輪（30個以上）、箱（4つ）、テーブル（4台）

進め方

1 スタッフは、あらかじめ20cmくらいの長さの紙テープを輪にしたものをたくさん作っておきます。参加者を同じ人数で2チームに分けます。ひとりひとつずつストローをくわえ、横一列に座ります。最初と最後の人を決め、それぞれの横にテーブルを用意し、テーブルの上に箱を置いて、最初の人の箱には紙テープの輪をたくさん入れておきます。

2 スタッフの合図で、最初の人は箱の中から紙テープの輪をひとつ、口にくわえたストローですくいます。

3 最初の人が紙テープの輪をストローですくったら、次の人にストローで輪を渡していき、次々と次の人に輪を渡していきます。このとき、手を使ってはいけないものとします。

Advice
ゲームを始める前に、紙テープの輪を手で触れてはいけないことを伝えましょう。また途中で輪を落としたら、スタッフが拾って、その場所からやり直します。

4 最初の人は、輪を渡し終えたら、すぐに箱から別の輪をストローですくい、同様に渡していきます。最後の人は、ストローの輪を横に置いた箱に入れていきます。

ストップ！

5 スタッフの「ストップ！」の合図でゲームをやめます。制限時間内に、最後の人の箱に入った紙テープの輪の多かったチームの勝ちとします。

用意する紙テープの輪を増やし、最初の人がストローですくう輪はひとつだけではなく、一度にいくつすくってもOKというルールにして、数を競ってもいいでしょう。

積み上げ&バランスゲーム

レク 16

| 参加人数 | 4人～ | 効果 | 手指・腕の運動、集中力、思考力 |

「積み上げゲーム」では、2人の対戦で牛乳パックを積み上げ、制限時間内にその数を競います。また「バランスゲーム」では、2チームに分かれ、交互に積み上げた牛乳パックからひとつずつ抜いていき、どちらが最後まで崩さないかを競います。

用意するもの
牛乳パック（40個以上）、テーブル（2台）

「積み上げゲーム」の進め方

1 テーブルを2台用意し、牛乳パックをたくさん置いておきます。2人がそれぞれテーブルに向かって座り、スタッフの合図で、牛乳パックをひとつずつ積み上げていきます。途中で崩れたら、崩れたところからやり直します。

Advice
ゲームの途中で牛乳パックをテーブルから落としてしまったら、スタッフが拾ってテーブルに戻しましょう。

2 スタッフの「ストップ!」の合図でやめます。より多く牛乳パックを積み上げた人の勝ちとなります。

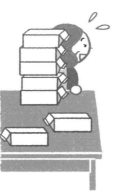

「バランスゲーム」の進め方

1 ひとつのテーブルに、スタッフが3つずつ交互の向きで牛乳パックを積み重ねます。参加者を同じ人数で2チームに分け、テーブルのまわりに座ります。
積み上げた牛乳パックを崩さないように考えながら、各チーム交互に、ひとりひとつずつ牛乳パックを抜いていきます。

Advice
スタッフは、「〇〇さん、慎重にね！」などと声をかけたり、ひとつ抜くたびに、「あー、セーフ！」などと言って、盛り上げましょう。

2 先に牛乳パックを崩した人のチームが負けで、崩さなかったチームの勝ちとなります。

ちょこっとアレンジ
「積み上げゲーム」は、牛乳パックを2つずつ積み上げるようにしてもいいでしょう。また、「バランスゲーム」では、スタッフがあらかじめ積み上げるのではなく、チーム戦で、どちらが先に3つずつ交互に積み上げられるかを競ってもいいでしょう。

レク17 芋取り競争

参加人数 2人〜　　**効果** 手指・腕の運動、集中力、知的競争心

2人が向かい合って対戦します。2人の間に新聞紙で作ったさつまいもをたくさん置き、ラップの芯を動かして、さつまいもを自分のいすの下に入れていきます。制限時間内に取れたさつまいもの数の多さを競います。

用意するもの

新聞紙で作ったさつまいも（30個以上）、ラップの芯（2本）、荷造りひも

さつまいもの作り方

新聞紙1枚を丸めて、さつまいもの形にします。紫色や茶色、オレンジ色などの折り紙を大きめにちぎりながら、新聞紙のさつまいもに貼っていきます。これを参加者みんなでたくさん作ります。

折り紙を大きめにちぎって貼ります。

Advice
参加者にさつまいもを作ってもらうのが難しい場合は、スタッフが作りましょう。また、みんなで作ったさつまいもは、ゲームで遊ぶ他に、展示をしても楽しいでしょう。

「芋取り競争①」の進め方

1 対戦する2人を決め、2人が向かい合って座り、その間にさつまいもをたくさん置きます。それぞれラップの芯を持ち、スタッフの合図で、ラップの芯を動かして、さつまいもを自分のいすの下に入れていきます。

2 スタッフの「ストップ!」の合図でやめます。より多くのさつまいもをいすの下に入れられた人の勝ちとなります。
全員が同様に2人ずつ対戦します。

「芋取り競争②」の進め方

1 スタッフはあらかじめ、ラップの芯に荷造りひもを通して先を結んだものを用意しておきます。

2 「芋取り競争①」と同じ要領で、2人が対戦します。スタッフの合図でひもを動かして、ラップの芯でさつまいもをいすの下に入れていきます。

Advice
「芋取り競争②」をいきなり行うのが難しい場合は、ひとりずつ練習してから行いましょう。

3 スタッフの「ストップ!」の合図でやめます。より多くのさつまいもをいすの下に入れた人の勝ちとなります。全員が同様に2人ずつ対戦します。

左右の手にラップの芯を1本ずつ持って、ラップの芯ではさむようにしてさつまいもをいすの下に入れるようにしてもいいでしょう。

ジャンボ風船ラリー

参加人数 3人〜　　**効果** 手指・腕の運動、集中力、思考力

色の違う3つの風船を入れた大きなビニール袋をスタッフが参加者に投げていきます。
3つの風船を入れることで動きが定まらず、キャッチするのが難しいラリーです。
また、参加者はちょうど目の前に見えた風船の色を言い、その色のものを何かひとつ言います。

用意するもの

色の違う3つの風船、透明な大きなビニール袋

進め方

1 あらかじめ、赤・緑・黄などの色の違う風船を、透明な大きなビニール袋に入れ、ビニール袋を膨らませて玉にし、閉じておきます。

2 全員が輪になって座り、その中心にスタッフがビニール袋の玉を持って立ち、「〇〇さん、いきますよ!」と言って、その人にビニール袋の玉を投げます。

3 受け取った人は、ちょうど目の前にきた色が何色かを言い、続いて、その色のものを何かひとつ言い、ビニール袋の玉をスタッフに投げ返します。もし5秒以内に、その色のものが言えなかったら、スタッフは再び同じ人に玉を投げます。5秒以内に言えたら、次の人に玉を投げます。

Advice
ビニール袋の玉は、動きが定まらず、投げたい方向に投げることも受け取ることも難しいので、何度か練習してから行ってもいいでしょう。
また、参加者が玉をキャッチできずに落としてしまったら、スタッフが拾って投げ直しましょう。

4 ひとりずつ同様に行い、次々とラリーをしていきます。

スタッフがビニール袋の玉を投げる際に、「赤!」などと風船の色を指定し、キャッチする人は、指定された色の風船をつかむようにしてもいいでしょう。

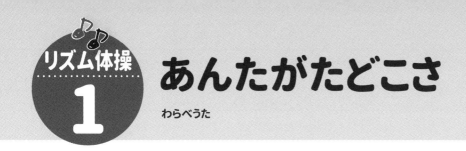

リズム体操 1 あんたがたどこさ

わらべうた

歌詞の「♪どこさ」「♪ひごさ」などの「さ」の部分で、お手玉を軽く投げてキャッチしたり、太ももの下をくぐらせたりします。また、全員で輪になり、「さ」の部分でお手玉をとなりの人にまわしていきます。

進め方

●基本の動き

ひとりひとつずつお手玉を両手で持ち、♩のリズムで太ももを軽くたたきます。歌詞中の「♪どこさ」「♪ひざさ」などの「さ」の部分で、お手玉を軽く投げてキャッチします。

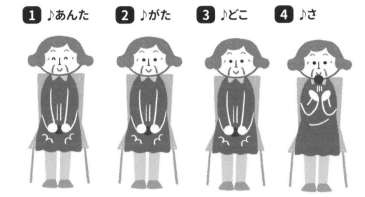

●アレンジ①

【基本の動き】と同様に、♩のリズムで太ももを軽くたたきます。歌詞中の「さ」の部分で、片手でお手玉を片足の太ももの下からくぐらせ、もう片方の手で取ります。

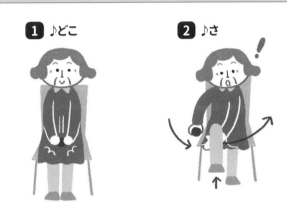

●アレンジ②

全員で輪になり、ひとりひとつずつお手玉を持ちます。両手を開いて左手にお手玉を載せ、♩のリズムでお手玉を右手でたたき、「さ」の部分で右手で取って、右どなりの人の左手に載せます。

ちょこっとアレンジ　「さ」の部分で、お手玉を両手で頭の上に載せてもいいでしょう。また、【アレンジ②】では、輪の中心にかごなどを置いておき、最後に玉入れの要領でかごに投げ入れて、入った数をみんなで数えてもいいでしょう。

365歩のマーチ

作詞：星野哲郎／作曲：米山正夫

リズムに合わせて、両腕を動かしたり、太ももや足首を動かします。楽しみながら無理なく手足を動かせるリズム体操です。

※楽譜は1番のみを掲載しています。

※「進め方」は次ページに掲載しています。

進め方

1 ♪しあわせは

（右手で上に2回パンチ）

2 ♪あるいてこない

（左手で上に2回パンチ）

3 ♪だから あるいて

（**1**と同じ動きです）

4 ♪ゆくんだね

（**2**と同じ動きです）

5 ♪いちにち

（右手を左肩にあてます）

6 ♪いっぽ

（左手を右肩にあてます）

7 ♪みっかで

（右手を左脇腹にあてます）

8 ♪さんぽ

（左手を右脇腹にあてます）

9 ♪さんぽ

（右手を左の内股にあてます）

10 ♪すすんで

（左手を右の内股にあてます）

11 ♪にほ さが

（右手を右の内股にあて、左手を左の内股にあてます）

12 ♪る

（1回手をたたきます）

13 ♪じんせいは
(右足を前に出し、かかと→つま先の順に床に置きます)

14 ♪ワン・ツー・パンチ
(左足を前に出し、かかと→つま先の順に床に置きます)

15 ♪あせかき べそかき
(**13**と同じ動きです)

16 ♪あるこうよ
(**14**と同じ動きです)

17 ♪あなたの
(右足を開きます)

18 ♪つけた
(左足を開きます)

19 ♪あしあと
(右足を閉じます)

20 ♪にゃ
(左足を閉じます)

21 ♪きれいな はなが さくでしょう
(**17**～**20**の動きをくり返します)

22 ♪うでをふって
(両足を開きます)

23 ♪あしをあげて
(両足を閉じます)

24 ♪ワン・ツー ワン・ツー やすまないで あるけ
(**22**、**23**の動きを3回くり返します)

25 ♪それ ワン・ツー ワン・ツー ワン・ツー ワン・ツー
(座ったまま腕をふり、足踏みします)

Advice
参加者の方に無理のないテンポで、リズムに乗りながら楽しく行いましょう。また、終わった後は、ゆっくりと深呼吸をしましょう。

ふじの山

作詞：巌谷小波／文部省唱歌

1小節ごとに、腕を上げたり、腰をひねったりして、リズムに合わせて上半身をストレッチします。

進め方

1 ♪あたまを

（両手を上げて、思い切り伸びをします）

2 ♪くもの

（両手をひざに置きます）

3 ♪うえに だ

（**1**と同じ動きです）

4 ♪し

（**2**と同じ動きです）

5 ♪しほうの

（上半身を左にひねります）

6 ♪やまを

（上半身を右にひねります）

7 ♪みおろし

（**5**と同じ動きです）

8 ♪て

（**6**と同じ動きです）

9 ♪かみなり

（右手を上げて、上半身を左に倒します）

10 ♪さまを

（体を戻します）

11 ♪したにき

（左手を上げて、上半身を右に倒します）

12 ♪く

（体を戻します）

13 ♪ふじは にっぽん いちの やま

（**9**～**12**の動きをくり返します）

★2番も同様に行います。

Advice
5～**8**の体をひねる動作のときは、顔を横にして後ろを見る意識で行うと、より効果的なストレッチになります。

幸せなら手をたたこう

作詞：木村利人／アメリカ民謡

リズムや歌詞に合わせて、1番では、グー→チョキ→パーをくり返した後、手拍子をします。2番では、片足ずつ開いたり閉じたりをくり返した後、足をトントンそろえます。また3番では、片手ずつ太ももをたたいたり肩をたたきます。

進め方

● 1番

基本の動作は、両手でグー・チョキ・パーをくり返します。歌詞の（手拍子）の部分では、2回手をたたきます。

※ 1番の最後の歌詞「♪てをたたこう」の部分は、「♪てを」（パー）→「♪たた」（グー）→「♪こう」（チョキ）→手拍子になります。

1 ♪しあ	2 ♪わせ	3 ♪なら	4 ♪てを
5 ♪たた	6 ♪こう	（2回手拍子）	

● 2番

基本の動作は、【右足を開く】→【左足を開く】→【右足を閉じる】→【左足を閉じる】です。それをくり返します。歌詞の（足ぶみ）の部分では、両足をそろえて2回床をトントンします。

7 ♪しあ	8 ♪わせ	9 ♪なら	10 ♪あし
11 ♪なら	12 ♪そう	（床を2回トントン）	

● 3番

基本の動作は、【グーの右手で右の太ももをたたく】→【グーの左手で左の太ももをたたく】→【右手で左の肩をたたく】→【左手で右の肩をたたく】→【左手で左の太ももをたたく】→【右手で右の太ももをたたく】です。それをくり返します。歌詞の（肩たたき）の部分では、右手で左の肩を、左手で右の肩を同時に2回たたきます。

13 ♪しあ	14 ♪わせ	15 ♪なら	16 ♪かた

17 ♪たた	18 ♪こう		

（右手で左の肩を、左手で右の肩を同時に2回たたきます）

 ゆっくりのテンポから少しずつテンポアップして行ってもいいでしょう。

リズム体操 5 どんぐりころころ

作詞：青木存義／作曲：梁田 貞

リズムに合わせて腕を動かし、楽しみながら上腕筋や背筋のストレッチをします。

進め方

1 ♪どんぐりころころ

（グーにした両手を外向きに交互にまわします）

2 ♪どんぶりこ
（グーにした両手を内向きに交互にまわします）

3 ♪おいけにはまって

（**1**と同じ動きです）

4 ♪さあたいへん
（**2**と同じ動きです）

5 ♪どじょうが

（ひじを折って両腕を開きます）

6 ♪でてきて

（**5**のひじから先をつけます）

7 ♪こんにち

（**5**と同じ動きです）

8 ♪は

（**6**と同じ動きです）

9 ♪ぼっちゃん

（弧を描くように、両手を大きく動かします）

10 ♪いっしょに

（両手をひざにつけます）

11 ♪あそびま

（**9**と同じ動きです）

12 ♪しょう
（**10**と同じ動きです）

★2番も同様に行います。

Advice
ゆったりとしたテンポで行い、ひとつひとつの動作を大きくし、腕を思い切り動かしましょう。

おさるのかごや

作詞：山上武夫／作曲：海沼 実

2人が向かい合って座り、歌に合わせて、【手拍子】→【右手をたたき合う】→【手拍子】→【左手をたたき合う】…をくり返します。歌詞の「♪**サッサ**」の部分では、両手をたたき合います。

進め方

2人が向かい合って座ります。基本の動作は、【手拍子】→【右手をたたき合う】→【手拍子】→【左手をたたき合う】をくり返します。歌詞の「♪**サッサ**」の部分では、両手を2回たたき合います。

1 ♪エーッ

2 ♪サ

3 ♪エーッ

4 ♪サ

5 ♪エッサ

6 ♪ホイ

7 ♪サッサ

※ これ以降の歌詞も、基本の動作+「♪サッサ」の部分で【両手をたたき合う】をくり返します。

ゲームとして速いテンポでくり返し行い、最後まで間違えずにできた2人組をチャンピオンとしてもいいでしょう。

あたまかたひざポン

作詞：高田三九三／イギリス民謡

歌詞に合わせて、体のいろいろな部位を触ります。また、歌詞の体の部位を、他の体の部位にアレンジして、楽しみます。

進め方

1 ♪あたま

(両手で頭を触ります)

2 ♪かた

(両手で肩を触ります)

3 ♪ひざ

(両手でひざを触ります)

4 ♪ポン

(手をたたきます)

5 ♪ひざ ポン ひざ ポン

(**3**、**4**の動きを2回くり返します)

6 ♪あたま かた ひざ ポン

(**1**〜**4**の動きをくり返します)

7 ♪め

(両手で目を触ります)

8 ♪みみ

(両手で耳を触ります)

9 ♪はな

(両手で鼻を触ります)

10 ♪くち

(両手で口を触ります)

歌詞の体の部位を「♪おへそ」「♪おしり」「♪胸」「♪ふくらはぎ」など、いろいろアレンジして行いましょう。
また、同性同士で向かい合って行い、相手の体を触るようにしても楽しいでしょう。

線路はつづくよどこまでも

作詞：佐木 敏／アメリカ民謡

ラップの芯を両手に1本ずつ持ち、♩のリズムに合わせて、【右手の芯で左手の芯を8回たたく】→【左手の芯で右手の芯を8回たたく】→【右手で4回】→【左手で4回】→【右手で2回】→【左手で2回】→【右手で1回】→【左手で1回】→【両手でたたき合う】をくり返します。

進め方

ラップの芯を両手に持ち、♩のリズムに合わせて、次の動作をくり返します。

1 ♪せんろはつづくよ

（右手の芯で左手の芯を
8回たたきます）

2 ♪どこまでも

（左手の芯で右手の芯を
8回たたきます）

3 ♪のをこえ やま

（右手の芯で左手の芯を
4回たたきます）

4 ♪こえ

（左手の芯で右手の芯を
4回たたきます）

5 ♪たに

（右手の芯で左手の芯を
2回たたきます）

6 ♪こえ

（左手の芯で右手の芯を
2回たたきます）

7 ♪て

（【右手の芯で左手の芯を1回たたく】→【左手の芯で右手の芯を1回たたく】を行った後、両手の芯をたたき合います）

 2人で向かい合って座り、ラップの芯を使わずに、片手ずつ交互に8回ずつ→4回ずつ→2回ずつ→1回ずつ→最後に【両手をたたき合う】をくり返してもいいでしょう。

リズム体操 9 う み

作詞：林 柳波／作曲：井上武士

雄大な海をイメージして、1小節ごとに手足をダイナミックに動かしてストレッチします。

進 め 方

1 ♪うみは

(両手、両足を思い切り上下に広げます)

2 ♪ひろいな

(両手、両足を戻します)

3 ♪おおきい

(**1**と同じ動きです)

4 ♪な

(**2**と同じ動きです)

5 ♪つきが

(右ひじと左ひざを近づけます)

6 ♪のぼるし

(右ひじと左ひざを戻します)

7 ♪ひが しず

(左ひじと右ひざを近づけます)

8 ♪む

(左ひじと右ひざを戻します)

★2番、3番も同様に行います。

 ちょこっとアレンジ　両手、両足を思い切り上下に広げるときに、大きく口を開いてもいいでしょう。

肩たたき

作詞：西條八十／作曲：中山晋平

全員が輪になり、リズムに合わせて自分の肩をたたいたり、となりの人の肩をたたいたりします。

※楽譜は2番までを掲載しています。

進め方

全員が輪になって座ります。

● 1番

1 ♪かあさん おかたを

（右手で左の肩を4回たたきます）

2 ♪たたきましょう

（左手で右の肩を4回たたきます）

3 ♪タントンタントン タントントン

（右手で右どなりの人の肩を7回たたきます）

● 2番

4 ♪かあさん しらがが

（左手で右の肩を4回たたきます）

5 ♪ありますね

（右手で左の肩を4回たたきます）

6 ♪タントンタントン タントントン

（左手で左どなりの人の肩を7回たたきます）

自分の肩はたたかずに、2小節ごとに、【右どなりの人の肩をたたく】→【左どなりの人の肩をたたく】をくり返してもいいでしょう。その場合、2番は左右を逆にします。

春が来た

作詞：高野辰之／作曲：岡野貞一

リズムに合わせて、楽しく腕や肩のストレッチをします。

進め方

1 ♪はるが
（両手をパーにして左斜め上に上げます）

2 ♪きた
（両手をグーにしてひざに置きます）

3 ♪はるが
（両手をパーにして右斜め上に上げます）

4 ♪きた
（**2**と同じ動きです）

5 ♪どこに きた
（**1**～**4**の動きをくり返します）

6 ♪やまに
（両肩を上げます）

7 ♪きた
（両肩を戻します）

8 ♪さとに
（**6**と同じ動きです）

9 ♪きた
（**7**と同じ動きです）

10 ♪のにも き
（両肩を前から後ろにまわします）

11 ♪た
（**10**と同じ動きです）

★2番、3番も同様に行います。

 10、**11**の両肩を前から後ろにまわすとき、2番では、後ろから前にまわすようにしてもいいでしょう。

早春賦

作詞：吉丸一昌／作曲：中田 章

タオルを使って、リズムに合わせて腕や上半身のストレッチをします。

進め方

ひとり1本ずつ、両手でタオルを持ちます。

1 ♪はるは なの **2** ♪みの か **3** ♪ぜの さむさ **4** ♪や

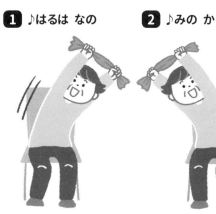   

（両手を上げて左に傾きます）　（右に傾きます）　（**1**と同じ動きです）　（**2**と同じ動きです）

5 ♪たにの うぐ **6** ♪いす う **7** ♪たは おもえ **8** ♪ど

（両手を前に伸ばして、上半身を左にひねります）　（右にひねります）　（**5**と同じ動きです）　（**6**と同じ動きです）

9 ♪ときに あら **10** ♪ずとこ **11** ♪えも たて **12** ♪ず **13** ♪ときに あらずと こえも たてず

（**1**〜**4**の動きを くり返します）

（両手を伸ばして、前に倒れます）　（後ろにそらします）　（**9**と同じ動きです）　（**10**と同じ動きです）

★2番、3番も同様に行います。

ちょこっと アレンジ　タオルの替わりに、新聞紙を細長く丸めてテープでとめたものを使ってもいいでしょう。

月

文部省唱歌

両手を開き、左手の親指を折り曲げた状態から、♩ごとに、両手の指を1本ずつ折り曲げていきます。左右の手の折り曲げ方が違うので、どちらかの指につられないように行います。

進め方

両手を開き、歌う前にまず左手の親指を折り曲げておきます。そこから、歌の♪のリズムに合わせて、両手の指を折り曲げていきます。5本折り曲げたら、次は小指から開いていきます。これをくり返します。

（スタート前）

1 ♪で　　2 ♪た　　3 ♪で　　4 ♪た

5 ♪つ　　6 ♪き　　7 ♪が　　8 ♪ー

正しくできたら、最後は左手は5本折り曲げ、右手は小指だけが立っている状態になります。

★ 2番は、右手の親指を折り曲げた状態からスタートして同様に行い、3番は1番と同様に行います。

 難しい場合は、左右の手の指を同じように親指から折り曲げて、何度か練習してから行うといいでしょう。

夕焼け小焼け

作詞：中村雨紅／作曲：草川 信

全員が輪になって、ひとりひとつずつお手玉を持ち、1小節ごとに軽く投げたり、となりの人に渡したりします。

進め方

全員が輪になり、ひとりひとつずつお手玉を持ちます。1小節ごとに、【お手玉を軽く投げてキャッチする】→【右どなりの人にお手玉を渡す】を8小節くり返します。

1 ♪ゆうやけ　　2 ♪こやけで

9小節目以降は、1小節ごとに、【お手玉を軽く投げてキャッチする】→【左どなりの人にお手玉を渡す】を最後までくり返します。

3 ♪おてて　　4 ♪つないで

★2番も同様に行います。

9小節目以降の「投げる」動作は、お手玉を「ひざにあてる」「頭に載せる」などの動作に替えてもいいでしょう。

【脳トレ】編　解答

脳トレ1 P.6「野菜はそれぞれいくつ？」
にんじん13本、ピーマン9個

脳トレ2 P.7「くだものはそれぞれいくつ？」
バナナ12本、りんご10個

脳トレ3 P.8「欠けているものは？」
問①：7　問②：ち

脳トレ4 P.9「サイコロ算数」
問①：10　問②：11　問③：12　問④：11
問⑤：16　問⑥：12　問⑦：19　問⑧：18

脳トレ5 P.10「ひらがな算数」
問①：10　問②：8　問③：16　問④：17　問⑤：15　問⑥：11
問⑦：23　問⑧：15　問⑨：23　問⑩：15　問⑪：17　問⑫：3

脳トレ6 P.11「カタカナ算数」
問①：8　問②：12　問③：27　問④：8　問⑤：13　問⑥：20
問⑦：22　問⑧：12　問⑨：16　問⑩：16　問⑪：22　問⑫：16

脳トレ7 P.12「足し算で浮き出る塗り絵」

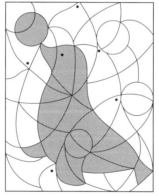

脳トレ8 P.13「引き算で浮き出る塗り絵」

脳トレ9 P.14「間違い探し①」

❶屋根の形。❷イカを持っている。❸魚が1匹少ない。
❹玉手箱がお弁当箱に。❺亀の顔の表情。

脳トレ10 P.15「間違い探し②」

❶おにぎりが半分食べられている。❷グラスが空っぽ。❸缶がない。
❹お皿におかずが載っている。❺お重の中身が違う。❻ティッシュが出ていない。

P.16「間違い探し③」

❶雲が1つ多い。❷木がない。❸帽子をかぶっていない。❹後ろを振り向いている。❺右手が降りている。❻帽子が変わっている。❼犬がいる。

 P.17「迷路①」

 P.18「迷路②」

 P.19「迷路③」

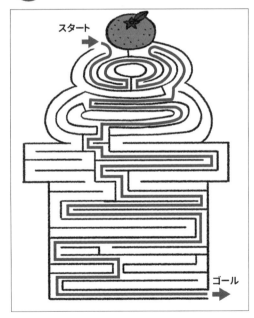

 P.20「文字の並べ替え①」

問①：うどん　問②：はなび
問③：かがみ　問④：マスク
問⑤：パズル　問⑥：リズム
問⑦：おんせん　問⑧：どうぶつ
問⑨：すきやき　問⑩：アイロン　問⑪：パソコン　問⑫：ドライブ
問⑬：あさごはん　問⑭：とけいだい　問⑮：ドライヤー　問⑯：エビフライ

 P.21「文字の並べ替え②」

問①：えんがわ　問②：ししまい　問③：やきそば　問④：カラオケ　問⑤：サンダル
問⑥：ネクタイ　問⑦：たからくじ　問⑧：せんぷうき　問⑨：レントゲン　問⑩：シクラメン
問⑪：しんかんせん　問⑫：けいこうとう　問⑬：サンドイッチ　問⑭：アナウンサー

17 P.22「残るのはどれ？①」
ちょうちょう

18 P.23「残るのはどれ？②」
さいばし

24 P.29「トーナメント足し算」
問①：148　問②：163

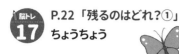
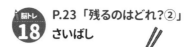

19 P.24「言葉作りに挑戦①」
解答例：くさ、くも、くじ、くし、くま、くら、くき、くに、くい、くるま、くらし、くうき、くいず、くるみ、くよう、くろう、くさき、くぬぎ、くまざさ、くしゃみ、くすだま、くちなし、くちびる、くだもの、くれそん、くじゃく、くなしり、くずもち、くるまいす、くらしぶり、くらくしょん、くみあいいん…他

20 P.25「言葉作りに挑戦②」
解答例：さじ、さけ、さい、さか、さく、さお、ささ、さち、さと、さぎ、さま、さめ、さや、さんま、さくら、さしみ、さてつ、さんが、さとう、さいふ、さらだ、さんた、さんぽ、さらみ、さかづき、さいかい、さかぐら、さいばし、さんだる、さるびあ、さらまわし、さくらえび、さんがにち、さんれんぷ、さやえんどう、さやいんげん…他

※ **21**〜**23** には解答はありません。

25 P.30「同じものはどれ？①」
問①：
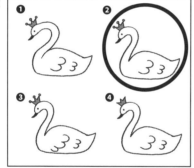
❶首が長い。❷正解。❸羽の形が違う。❹ティアラの形が違う。

問②：

❶バナナの数が違う。❷りんごの1つがみかんに。❸正解。❹メロンが小さい。

26 P.31「同じものはどれ？②」
問①：
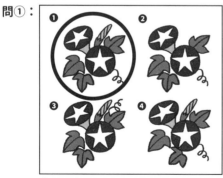
❶正解。❷つぼみがない。❸つるのつく位置が違う。❹下の葉の向きが違う。

問②：
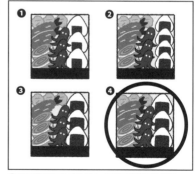
❶おにぎりののりが小さい。❷おにぎりの数が多い。❸卵焼きが多く、エビフライが少ない。❹正解。

27 P.32「クロスワード言葉探し①」
だいこん、ねぎ、はくさい、ごぼう、ほうれんそう、にんじん、れんこん、さやえんどう

28 P.33「クロスワード言葉探し②」
ラクダ、ライオン、チンパンジー、ウサギ、オランウータン、マントヒヒ、キリン、カンガルー、タヌキ

P.34「仲間はずれはどれ?①」

問①:
コーヒーの量が多い。

問②:
脚の向きが違う。

 P.35「仲間はずれはどれ?②」

問①:
胸びれが大きい。

問②:
風鈴の下の短冊の斜線の向きが違う。

 P.36「形はいくつ?」
問①:6個　問②:7個

 P.37「積木はいくつ?」
問①:6個　問②:9個　問③:12個

 P.38「線つなぎ①」

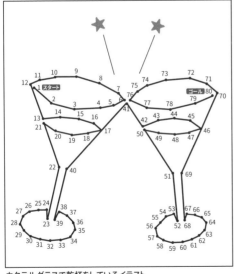

カクテルグラスで乾杯をしているイラスト

 P.39「線つなぎ②」

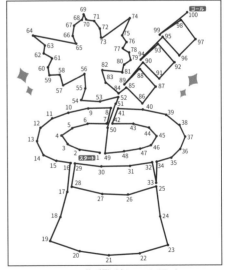

シルクハットからハトと旗が飛び出しているイラスト

 P.40「今、何時?」
問①:7時　問②:10時45分　問③:3時5分　問④:8時15分　問⑤:3時30分
問⑥:5時50分　問⑦:3時20分　問⑧:4時59分　問⑨:16時18分

 P.41「全部でいくら?」
問①:673円　問②:1,138円　問③:1,873円　問④:6,777円

●編著者

井上 明美（いのうえ あけみ）

国立音楽大学教育音楽学科卒業。卒業後は、(株)ベネッセコーポレーション勤務。教育教材、音楽教材などの企画制作に携わる。退職後は、制作会社アディインターナショナルを設立。同社代表取締役。幼児から高齢者まで幅広い年齢層の教材、テキスト、実用書などの制作や執筆を行う傍ら、保育現場、介護現場で実践できるゲームやレクリエーション、音楽リズムを用いたリトミックや、身体機能向上のためのプログラム、癒しのためのプログラムなどを考案する。著書に『子どもがときめく 人気曲＆どうようでリトミック』『たっぷり！保育の手あそび・歌あそび』（いずれも自由現代社）などがある。

●情報提供

(株)大協　通所介護事業所 ゆうらく1、2、3番館

有馬良幸　塚本美晴　北林里美　清水エツ　塚本 正　加藤ひろみ　油井健登　宮倉和則　大谷幸代

●有馬 良幸
(株)大協 代表取締役。通所介護事業所、サービス付き高齢者住宅を運営。利用者の方々に精一杯の支援をするべく、利用者に対しての対応の仕方、支援技術、防災訓練等、職員が毎月研修会を開き、情報交換をし、利用者に対しての見識を高めている。

●塚本 美晴
介護支援専門員。栄養士として1985年より老人専門病院に勤務後、2007年に(株)大協に入社。通所介護事業所・訪問介護事業所・居宅介護事業所・サービス付き高齢者向け住宅などの開設に携わる。利用者の笑顔と楽しい時間を共有し、ご家族と共にお手伝いを続けたいと願っている。

●北林 里美
社会福祉主事任用資格。医療系専門学校を卒業後、介護保険老人保健施設に勤務。その後、在宅介護支援センターの相談員を経験後、現在のデイサービスに勤務。手作りをモットーに、毎日のレクリエーションを充実できるように試行錯誤を重ねている。

●清水 エツ
サービス介護士2級、ヘルパー2級、レクリエーション介護士2級、介護予防健康アドバイザー。
特別養護老人ホームに勤務後、2013年より現在のデイサービスに勤務。レクリエーション、壁紙創作、入浴介助、送迎などの業務に携わる。

●編集協力

アディインターナショナル／大門久美子、　新田 操　川浪美帆

●イラスト

クボトモコ
女子美術短期大学卒業。2004年よりイラストレーターとして活動開始。
健康的で明るく清潔感のあるイラストを得意とする。刺繍作品も制作。

デイサービス、介護現場で　すぐ使える！脳トレ・レク・リズム体操　定価（本体1500円＋税）

編著者	井上明美（いのうえあけみ）
イラスト	クボトモコ
表紙デザイン	オングラフィクス
発行日	2018年3月30日 第1刷発行 2019年9月30日 第3刷発行
編集人	真崎利夫
発行人	竹村欣治
発売元	株式会社自由現代社 〒171-0033　東京都豊島区高田3-10-10-5F TEL03-5291-6221／FAX03-5291-2886 振替口座 00110-5-45925
ホームページ	http://www.j-gendai.co.jp

皆様へのお願い
楽譜や歌詞・音楽書などの出版物を権利者に無断で複製（コピー）することは、著作権の侵害（私的利用など特別な場合を除く）にあたり、著作権法により罰せられます。また、出版物からの不法なコピーが行なわれますと、出版社は正常な出版活動が困難となり、ついには皆様方が必要とされるものも出版できなくなります。音楽出版社と日本音楽著作権協会（JASRAC）は、著作権の権利を守り、なおいっそう優れた作品の出版普及に全力をあげて努力してまいります。
どうか不法コピーの防止に、皆様方のご協力をお願い申し上げます。

株式会社自由現代社
一般社団法人 日本音楽著作権協会
（JASRAC）

JASRACの承認に依り許諾証紙張付免除

JASRAC　出 1801915-903
（許諾番号の対象は、当該出版物中、当協会が許諾することのできる出版物に限られます。）

ISBN978-4-7982-2238-7

●本書で使用した楽曲は、内容・主旨に合わせたアレンジによって、原曲と異なる又は省略されている箇所がある場合がございます。予めご了承ください。
●無断転載、複製は固くお断りします。●万一、乱丁・落丁の際はお取り替え致します。